¡PUERTORRIQUEÑOS?

José Luis Ramos Escobar

 Cultural@coqui.net

 www.cultural2000.com
editorialcultural.com

 P.O. Box21056, R.P Station
San Juan, P.R. 00928

 Teléfono y Fax
(787)765-9767

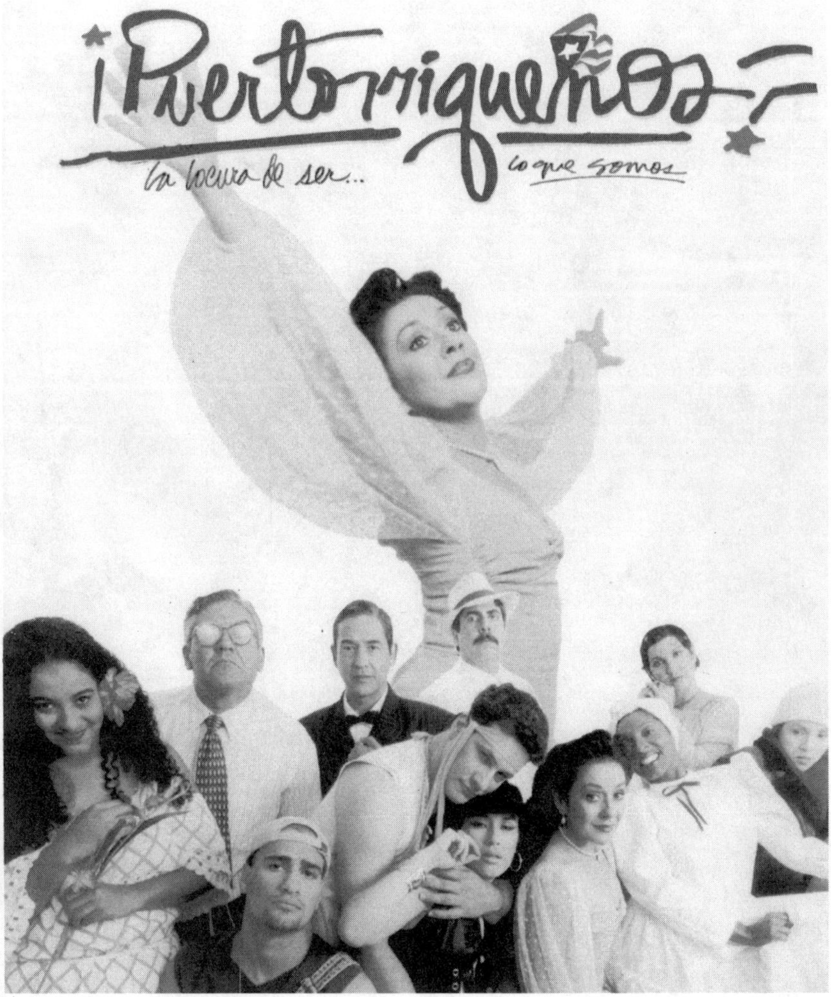
¡Puertorriqueños!
La locura de ser... lo que somos

DEDICATORIA

**Para Idalia Pérez Garay,
madre y partera de esta obra**

¡Puertorriqueños? fue presentada por Teatro del Sesenta como parte del XL Festival de Teatro Puertorriqueño del Instituto de Cultura Puertorriqueña de 19 al 29 de marzo de 1999 en el Centro de Bellas Artes de San Juan, con el siguiente elenco:

Idalia Pérez Garay	**Chabela**
Luisa de los Ríos /	**Santa/Flora**
Yamaris Latorre	
Carlos Esteban Fonseca	**Esteban**
Rosabel Otón	**María**
Miguel Ramos	**Federico**
Ramón Saldaña	**Weeb C.**
	Hayes/Alcalde Mejías
	Oficial de Reclutamiento/Locutor
Willie Maldonado	**Don Fundo**
Danny Irrizarry	**Francisco/Francisco Alberto**
Maríarosa Gómez	**Lizzie**
Natalia Calo	**Rochie**
Maribel Quiñones	**Lectora**
Guanina Robles	**Despalilladoras de Tabaco**
Alba Vellón	

El pueblo a través de 100 años:

Maribel Quiñones	Sheila Cruz
Joel López	Alba Vellón
Guanina Robles	Desland Vando
Luis Vázquez	Ricardo Mejías
José Luis Nieves	Josémiguel Gómez

F I C H A

Dirección
José Félix Gómez

Música
Pedro Rivera Toledo

Diseño de Escenografía e Iluminación
Checo Cuevas

Diseño de Vestuario
Miguel Vando

Utilería
Belén Ríos

Diseño de Peinados y Maquillaje
Pilar Rosado

Asistente de Utilería
Sheila Cruz

Realización de Vestuario
Ivonne Torres

Asistente de Vestuario
María Arroyo

Colaboradores
Charlie Aramis
Laurie Sierra

Asistente del Director
Rey Pascual

TÉCNICA

Regidor de Escena
Jaime Ramírez

Coreografía
Sheila Cruz

Asistente de Producción
Maribel Quiñones
Maritza Rivera

Publicidad y Relaciones Públicas
Israel Rodríguez & Partners

Fotos de Promoción
Joe Colón

Proyección de Fílmicos
Emiliano González

Diapositivas en Escena
Rafael Quiñones

Diseño de Programa
Tamara I. Walker

Montaje, Realización de Iluminación,
Tramoya y Sonido
Técnicos del Centro de Bellas Artes

Construcción de Escenografía
Taller Cimarrón

A manera de prólogo

Esta obra la creé con el grupo Teatro del Sesenta, a quienes pertenecen los derechos de producción de la misma. La idea original partió de Idalia Pérez Garay, quien llevaba varios años tratando de exorcizar los fantasmas que la perseguían. Luego de varios intentos de plasmación dramática, entre ellos un primer acto de Osvaldo Cintrón, Idalia me pidió que me hiciera cargo de escribir la historia de Chabela y sus cien años de recuerdos. El proceso que se inició fue una rica colaboración entre ella, los miembros de Teatro del Sesenta, en especial José Félix Gómez, y yo. Fue un intercambio creativo que nutrió la obra, pues me permitió hilvanar recuerdos, transformar imágenes y darle nueva forma a la historia que Idalia cocía en su caldera creativa. Sin ellos, esta obra nunca se hubiese escrito. Asimismo, para la escenificación de !Puertorriqueños? trabajamos durante meses con José Checo Cuevas y con Miguel Vando, buscando una traducción visual de mis propuestas verbales que fuera provocadora, pertinente e impactante. Ese trabajo de grupo frutificó en el maravilloso montaje dirigido por José Félix Gómez. Por eso comparto con todos ellos este libro, en reconocimiento a su capacidad creadora y con el convencimiento de que en el teatro, al sumar nos multiplicamos.

José Luis Ramos Escobar

"No quiero colonia ni con España ni con Estados Unidos.
¿Qué hacen los puertorriqueños que no se rebelan?"

Ramón Emeterio Betances

"Uno sólo es lo que es y carga sólo con lo puesto".

Joan Manuel Serrat

"Hace falta la locura."

Nikos Kazantzakis , Zorba el Griego

la invasión

carnaval —> teatral

PRIMERA ESCENA
1898

Cuando se levanta el telón, oscuridad total. El fogonazo mortecino de un fósforo desdibuja una silueta encorvada entre las sombras. El cabo de una vela preside con su lengua amarilla las tinieblas. Un rezo se escurre de los labios de la silueta y se arrastra por el suelo, se sube por los pliegues de la penumbra y se pierde en las virutas del aire enrarecido. Otra vela abre su ojo tembloroso. El llamear acuoso de las velas traza perfiles fantasmagóricos en el escenario. El rezo, lejano, críptico, como si se enunciase en una lengua desconocida, continúa con insistencia de letanía. Una tercera vela alza su cresta ardiente y se completa la trinidad de llamas. La silueta es ahora el cuerpo centenario y rugoso de una anciana. Sus manos endurecidas por la artritis tantean en la oscuridad bordeando los contornos de su búsqueda. Poco a poco cobra forma el altar, figura emblemática de la locura de Chabela, tótem de sus desvaríos, monumento de su lucha en contra del tiempo. Un rayo hace temblar el escenario. Chabela se persigna esperando el retumbar del trueno.

CHABELA

Se está acabando el tiempo. Los signos son claros: la boca de la tierra vomitará fuego y las cenizas devorarán al sol. Subirán los océanos y los peces se esconderán en las cúpulas de las iglesias. Niños sin ojos, bebés con cuerpo de serpiente, hombres con la maldición escrita en la cara. Se está acabando el tiempo. Los signos son claros: la boca de la tierra vomitará fuego y las cenizas devorarán al sol. *(Comienza una lluvia inmisericorde.)* Crecerán los ríos y desbordarán los ojos de los incautos, la gente vagará sin rumbo y llorarán los vientos en las azoteas de las casas muertas, porque todos habremos sido expulsados del paraíso. No tendremos rostro y nuestros nombres se irán corriente abajo en el remolino de la historia. Ese es nuestro destino. Lo supe desde que amanecí a la vida hace cien años cuando los cañonazos me despertaron de mi inocencia.

Se escuchan los cañonazos lejanos. En un eco distorsionado, los fusiles responden y las voces de mando se esparcen por el espacio lleno de humo. Son las voces del General Nelson Miles y del Capitán Alfred T. Mahan.

MAHAN
Nosotros tenemos la misma necesidad de poseer y fortalecer a Puerto Rico, en sí mismo y en sus inmediaciones, que tiene Gran Bretaña de poseer a Malta para su seguridad en Egipto, su uso del Canal de Suez y el control de la ruta hacia la India.

MILES
Como consecuencia de la guerra que trae empeñada contra España el pueblo de los Estados Unidos, por la causa de la Libertad, de la Justicia y de la Humanidad, sus fuerzas militares han venido a ocupar la isla de Puerto Rico.

MAHAN
Sería muy difícil que un estado europeo llevara a cabo operaciones en el este del Mediterráneo si hubiese una flota británica localizada en Malta. De la misma manera, sería muy difícil que un estado trasatlántico llevara a cabo operaciones en el Caribe Oriental si hubiese una flota de Estados Unidos basada en Puerto Rico.

MILES

No hemos venido a hacer la guerra contra el pueblo de un país que ha estado durante siglos oprimido, sino, por el contrario, a traeros protección, no solamente a vosotros sino también a vuestras propiedades, promoviendo vuestra prosperidad y derramando sobre vosotros las garantías y bendiciones de las instituciones liberales de nuestro gobierno.

Chabela se ovilla sobre el tiempo y se tapa los oídos queriendo borrar las voces que la atormentan. Las voces se pierden en el espacio de un tiempo por vivir. Silencio desolado. Del altar desciende el padre, Don Fundador, y se dirige a su hija.

FUNDO

Cierren las puertas, cierren las ventanas. Que el mundo se quede afuera.

CHABELA

(Ahora joven.) Pero están llegando los americanos, papá.

FUNDO

Sí, están llegando y se quedarán con todo, menos con esta casa.

CHABELA

La gente se prepara para darles la bienvenida.

FUNDO

No saben lo que hacen.

CHABELA

Mi hermana María me invito a tejer una bandera de Estados Unidos. Quiere que cuando las tropas lleguen al pueblo, le mostremos la bandera como símbolo de nuestra hospitalidad.

FUNDO

¿Cómo demonios les vas a abrir la puerta al que llega a tu casa con un cañonazo como saludo? No vienen como amigos, Chabela, sino como conquistadores. Y alguien tiene que detenerlos.

CHABELA

Pero nadie quiere detenerlos, papá. Dicen que en Guánica el cabo de mar que estaba a cargo del puerto juró lealtad a los americanos junto con el alcalde del poblado. La bandera americana ondea allí desde el 25 de julio.

FUNDO

Día maldito.

CHABELA

Día de fiesta para muchos.

FUNDO

No para nosotros. Vestiremos de luto mientras estén aquí los invasores.

CHABELA

Pero, papá, creía que te ibas a alegrar.

FUNDO

¿Por qué demonios?

CHABELA

Porque vamos a salir de ellos.

FUNDO

¿De quiénes?

CHABELA

De los españoles. ¿No decías tú que ya era hora de romper con España?

FUNDO

Lo decía y lo digo. Debemos unirnos para acabar con la colonia. Como están haciendo en Cuba.

CHABELA

Pues con los americanos se acabó la colonia, papá. María me contó que ellos nunca han tenido colonias. Es más, que ellos eran colonia y tuvieron que hacer una guerra para ser libres.

FUNDO

Pero ahora son muy poderosos, Chabela, y quieren tragarse todo. Ahora piensan que nacieron para gobernar al mundo. Tontos seríamos si cambiamos un yugo por otro. Que los demás celebren, que yo no me voy a dejar comprar.

CHABELA

¿Por qué, papa, por qué nosotros vamos a ser diferentes a la mayoría? La gente del pueblo da gritos y bailan como locos y nosotros nos vamos a encerrar en vida.

FUNDO

Bailan sin música, Chabela, porque esa orquesta no tiene músicos.

CHABELA

Pero están alegres y contentos. Los soldados reparten dulces a los niños y todos hablan del cambio que vendrá y de los adelantos que nos traerán los americanos.

FUNDO

No seas ingenua, mi hija, que nadie da nada gratis. Si están aquí es porque les conviene. Y lo que les conviene a ellos nos cuesta a nosotros.

CHABELA

¿Qué nos cuesta? No te entiendo.

FUNDO

La dignidad y la vergüenza.

CHABELA

Con eso no se come, papá.

FUNDO

Los perros también comen y le mueven el rabo a los que los que mandan.

CHABELA

¿Te vas a poner a tallar ahora?

FUNDO

Tengo que terminar mi testamento.

CHABELA

¿Un santo de palo?

FUNDO

Un santo, mi hija, en madera de ausubo para que sobreviva las tempestades y dure hasta el final de los tiempos. Este será mi legado para mi familia. Un santo tallado en mi tristeza para que no olviden.

En el exterior del círculo de luz aparece María portando una bandera. Llama a Chabela en susurro. Chabela es una hoja en el viento de sus emociones. María la conmina con el gesto. Don Fundador y el santo de palo son de la misma madera.

CHABELA

Yo quiero ir a la fiesta, papá. *(Pausa.)* ¿No me dices nada?

Don Fundador permanece callado mientras continúa dándole forma a su santo.

CHABELA

Algo grande va a pasar y tú quieres que nos quedemos aquí encerrados mientras afuera el mundo cambia. Yo no me voy a encerrar, papá, voy afuera, a la fiesta, adonde están todos.

FUNDO

No te puedo detener. Ve y únete con tu hermana. Celebren y gocen que les ha llegado la civilización.

CHABELA

¿Y tú, papá?

FUNDO

Yo me quedo con mi santo.

Chabela lo mira indecisa. Un remolino de emociones le tritura las manos. Un gesto de ternura hacia su padre no llega a serlo. Una música sandunguera la hala y ya no resiste y sale. El altar retrocede junto con el tallador a quien una luz angustiosa aísla. Afuera resuenan las trompetas y se desatan los festejos. El carnaval llena de colorido y algarabía al escenario. Desfilan los pobres con sus mejores ropas mientras tras lo visillos los hacendados criollos observan con falso disimulo. Una banda popular preside

la fiesta y acróbatas y maromeros se cuelgan de los gritos y se desli-
zan por el bullicio del pueblo. Chabela y su hermana María se unen
a la celebración portando una bandera estadounidense. El aire se
espesa en el ambiente de feria y todos parecen embebidos en la más
delirante alegría de la historia. Un niño negro convertido en bandera por la ingeniosa aguja de su madre es aventado al aire mientras
la multitud corea: ¡Li-ber-tad! ¡Li-ber-tad! Las prostitutas se
pasean insinuantes en busca de los soldados. Los vendedores ambu-
lantes proclaman a pleno pulmón sus productos. La multitud es
ahora una serpiente que se restriega sobre sí misma amenazando con
desbordar los límites del escenario. Un redoble insiste en recobrar la
cordura. Poco a poco se impone el rebote militar de los palillos sobre
el tambor. La alcaldía abre las puertas de su segundo piso y aparece
el alcalde Francisco Mejías. Exige silencio. A su lado aparece el comandante Webb C. Hayes. Mejías se dirige a la multitud:

MEJIAS

¡Ciudadanos! Hoy asiste el pueblo puertorriqueño a la más
hermosa de las fiestas. Ya brilla el Sol de América sobre
nuestros valles y montes. El día 25 de julio de 1898, fecha de
gloriosa recordación será para todo hijo de esta bendecida
tierra, porque por vez primera flameó gallarda la bandera
estrellada, implantada en nombre del gobierno de los Estados
Unidos de América del Norte por el Generalísimo de las tropas
americanas, señor Miles. ¡Puertorriqueños! Somos, por la mi-
lagrosa intervención de los justos, devueltos al seno de la
Madre Americana en cuyas aguas nos colocara la naturaleza.
Hijos de América, a ella nos devuelve en nombre de su gobierno el General Miles y a ella debemos enviar nuestro más
expresivo saludo de amoroso afecto, dirigiéndolo por conducto
de sus valientes tropas, representadas por la distinguida oficiali-
dad que comanda el ilustrado señor Comandante Webb C.
Hayes.

¡*Ciudadanos!* ¡VIVA EL GOBIERNO DE LOS ESTADOS UNIDOS DE AMÉRICA! ¡VIVAN SUS VALIENTES TROPAS! ¡VIVA PUERTO RICO AMERICANO!

Grandes vivas de la multitud. La banda popular comienza a entonar La Borinqueña, mientras el alcalde Mejía comienza a arriar la bandera española. El pueblo observa sobrecogido. A lo lejos la figura de Don Fundador y su santo tallado cobran mayor relieve por un cenital que parece elevarlos sobre el suelo. Hayes le entrega a Mejía la bandera de los Estados Unidos. El alcalde comienza a izarla. Don Fundador se encorva de dolor. La bandera sigue su ascenso. Don Fundador trata de incorporarse pero al pecho le falta aire. La bandera llega al tope del asta. Mejía saluda al comandante Hayes. Este saluda a la multitud y una salva de disparos hace estallar nuevamente la fiesta. Don Fundador cae fulminado. El santo de palo se baña de luz celeste. Chabela contempla arrobada la nueva enseña que rige al pueblo mientras la celebración arrastra en su locura festiva a todos. El altar adelanta. Chabela y María corren hacia la casa. Los acordes melancólicos de un cuatro puertorriqueño van apoderándose del escenario.

MARIA
¡Papá, papá! Ya somos americanos, ya somos americanos.

Las palabras de María tropiezan con el cadáver de su padre. Desencajada Chabela se dirige a él y lo acuna como a un bebé. María permanece de pie hierática. El cuatro llora con Chabela. El escenario va oscureciéndose. Sólo una luz permanece sobre el santo. Chabela levanta la mirada hacia el santo. Cuatro figuras se desprenden de la oscuridad. Hipnotizada Chabela se levanta y toma al santo en sus manos temblorosas. María preside el cortejo fúnebre que parece flotar hacia la nada. Chabela camina lenta hacia el altar y coloca al santo en el centro del mismo. Las velas son testigos. A lo lejos, el canto del cortejo es una elegía a un mundo que ya no es. El tiempo se endurece en las articulaciones de Chabela y los años se arrastran sobre su voz.

CHABELA

¡Santo tutelar de mi padre! Contigo empezó mi altar. Tú presides desde hace un siglo mi existencia y me recuerdas que en el día que creí el más feliz de mi vida perdí lo que más quería. (*Un viento huracanado comienza a estremecer el altar.*) ¡Cierren las puertas, cierren las ventanas! Que el mundo se quede afuera. Otro visitante viene a conquistarnos. Un santo extraviado en el Caribe nos ataca con su furia de huracán: San Ciriaco, santo colérico, santo iracundo, santo maldito. Pero tenemos al santo de papá para protegernos. Que soplen los vientos y vengan tempestades, que aquí estamos listos para enfrentar lo que sea. Aguantaremos este desastre porque nuestra condena apenas comienza. ¡Cierren las puertas! ¡Cierren las ventanas!

Colérico el huracán descarga su furia de rayos y centellas sobre el escenario. Chabela se aferra a su altar mientras observa desafiante la naturaleza inclemente.

las mujeres estan solas

personas muy informadas trabajan allí

SEGUNDA ESCENA
1917

A medida que cede el viento un rosario cantado por mujeres se apodera del escenario. Chabela retrocede con el altar mientras las voces se mezclan con el sonido apagado del trabajo de mujeres escogedoras y despalilladoras de tabaco. Una fábrica de cigarros cobra forma ante los ojos de Chabela. Su hermana María es una de las despalilladoras. En el centro del salón se alza una pequeña plataforma ocupada por una lectora que se apresta a leer las noticias del día. Las mujeres no despegan los ojos de su labor, pero mantienen los oídos atentos a la voz cadenciosa de la lectora. Hay un abismo entre el trabajo que realizan automáticamente las mujeres y la viveza de la conversación que brota espontánea del impacto que les producen las noticias.

CHABELA
María, vamos al monte a buscar milagros.

MARIA

(En el taller.) Tengo que trabajar, Chabela. Alguien tiene que traer la comida a esta casa, ahora que los hombres nos han abandonado.

CHABELA
Papá traerá viandas de la finca.

MARIA:
Papá está muerto hace dieciocho años, Chabela. Se lo llevó San Ciriaco.

CHABELA
Se lo llevaron los americanos hace diecinueve.

LECTORA
Noticias del frente de guerra: La primera división de tropas del ejército de los Estados Unidos llega a Francia.

MARIA
Mientras la guerra no llegue a Panamá, no me preocupo.

MUJER 1
¿Por allá tienen a tu hijo?

MARIA
Por allá anda mi Federico.

MUJER 2
Muchacho valiente.

CHABELA
Muchacho tierno, demasiado para cargar un fusil.

MARIA
Está cumpliendo con su deber, pero no quisiera que entrara en combate.

LECTORA
Menos de trescientas personas rechazaron la ciudadanía estadounidense que el Acta Jones extendió a los puertorriqueños. Estas personas quedaron como ciudadanos de Puerto Rico sin derecho al voto y sin ninguna protección constitucional.

CHABELA

(*Está vistiéndose con un traje de chapas.*)   Es tu hijo, María.   Si fuera el mío no lo dejaba ir a esa guerra ajena.

MARIA

Tus hijos también se murieron, Chabela.

MUJER 2

¿Ciudadanos de Puerto Rico?   ¿Y para qué sirve eso?

MUJER 3

Bueno, pero eso somos desde que nacemos, ¿no?

MARIA

Éramos, ya no.   Ahora somos ciudadanos de los Estados Unidos de América.

CHABELA

(*Canta*)   Estaba la pájara pinta, sentadita en el verde limón.

MUJER 3

¿Y para qué sirve eso?

MARIA

Deja esa maldita canción, Chabela.

MUJER 2

¿Cómo, no sabes?   Ahora podemos ir allá cuando nos dé la gana.   Somos igual que ellos.   Podemos votar por el presidente.

MUJER 3

Votarán los hombres, porque nosotras no votamos.

MUJER 1
Ni siquiera aquí somos iguales a los hombres.

MARIA
No se quejen tanto. Tenemos trabajo y podemos estudiar hasta en la Universidad.

MUJER 3
Podrán ir las que saben leer y escribir, porque lo que soy yo no sé ni firmar mi nombre.

CHABELA
(*Se está maquillando como una mujer de circo.*) A veces siento deseos de vestirme de hombre, María, y caminar por las calles sintiéndome dueña del mundo, como ellos.

MARIA
¡Nada más te faltaba! Te meterían presa como a Luisa Capetillo.

LECTORA
La líder de la Liga Femínea, doña Ana Roque de Duprey, exigió a la Legislatura el derecho al voto para las mujeres que sepan leer y escribir. Las mujeres analfabetas quedaron excluidas de esta exigencia.

MUJER 2
A mí no me interesa votar. Esos son asuntos de hombres.

MARIA
Todo lo que tocan los hombres se vuelve sucio.

CHABELA
¿Nosotras también, María?

MUJER 3
Pero no podemos dejarlos que hagan lo que les dé la gana porque lo que hacen nos afecta a todos.

CHABELA
(*Ya casi lista para su acto.*) El pájaro voló del nido, María, y te dejó sola con los pichoncitos.

MARIA
Cállate, Chabela.

LECTORA
En las elecciones de julio se aprobó la prohibición sobre bebidas alcohólicas. Desde entonces es ilegal producir, vender o consumir bebidas alcohólicas. Las iglesias protestantes celebraron la aprobación de la prohibición que ellos habían impulsado con denuedo.

MUJER 1
Aleluya.

MUJER 2
Se fastidiaron los borrachones. Ahora tendrán que beberse las lágrimas.

MARIA
Me alegro. Se acabaron las bebelatas y los desórdenes.

MUJER 3
¡Que te crees tú eso! Moro viejo, mal cristiano.

MUJER 1
Pero si no venden ron no pueden beber.

MUJER 3

En mi casa nunca se compra ron. Mi tío Gerardo lo prepara él mismo.

MARIA

Eso es un delito. Lo van a meter preso.

MUJER 3

Irán a meter preso a medio pueblo. Si hasta el alcalde bebe el ron del alambique de mi tío.

MARIA

Ave María Purísima.

CHABELA

(*Irrumpiendo en el taller*) Señoras y señores. Perdón, señoras solamente, porque los hombres para variar andan por otros lares. Ante ustedes, el Circo de la Calle Abajo.

MUJER 2

Llegó la loca.

CHABELA

Somos locas como tu madre y hoy les presentaremos a la domadora de sueños, la equilibrista desequilibrada, la payasa del barrio: Lulú, la cantaora y bailaora de flamenco.

MARIA

Chabela, por favor, vete para casa.

CHABELA

Somos como los gitanos, errantes, no tenemos casa ni marido. Dormimos debajo de los puentes y tenemos en cada pueblo un amante. Digo, este es el Circo de la Calle Abajo, no el del Casino de los riquitos. *(Salta a la plataforma de la lectora)* Fuera de aquí. Y ahora para todas las mujeres despechadas, viudas prematuras, abandonadas seguras y solteronas obligadas, el cante jondo Tu olvido. *(Saca las castañuelas y se coloca en pose de bailaora.)*

Tu llegada fue un dolor
tu presencia un olvido
los ojos se me perdieron
en tu rumbo anochecido.
Las horas fueron minutos
entre tu amor compartido
nadie escucha mi lamento
la vida es un largo aullido.
Tu sonrisa el abandono
tus caricias el hastío
y yo ciega y desolada
perdida en el desvarío
de quererte y no tenerte
de soñarte al lado mío
besando tu sombra larga
buscando tu cuerpo ido.
Ay los hombres siempre hombres
cama ajena sexo vivo
y las mujeres tejiendo
el dolor en agrio hilo.
Siempre muero por tu ausencia
nunca vivo por tu olvido.

Chabela parece congelarse en el despecho. Suena el pito de salida. María se acerca a Chabela. Las demás mujeres van saliendo.

MUJER 1
Cada día esta más loca.

MUJER 3
Con lo que pasó, cualquiera se vuelve loca.

MUJER 2
Ay, mija, si cada vez que un hombre nos traiciona vamos a perder la cabeza, estaríamos todas en el manicomio.

MARIA
Ven, Chabela, vamos para casa.

CHABELA
¿Cómo me quedó el acto hoy?

MARIA
Muy bonito, pero no debes venir a la fábrica. Interrumpes el trabajo.

CHABELA
El trabajo, el trabajo, siempre pensando en el trabajo.

MARIA
Por eso comemos. Acuérdate que estamos solas.

CHABELA
Por tu culpa.

MARIA
¿Ahora soy yo la culpable de que mi marido se muriera de tuberculosis o de que el tuyo se escapara con tu ahijada?

CHABELA
No me hables del demonio.

MARIA

Pues no me eches a mí la culpa de nada. Bastante hago con romperme el lomo despalillando tabaco.

CHABELA

Estaba la pájara pinta...

MARIA

Y dale con lo mismo.

CHABELA

Vamos a buscar a Federico.

MARIA

Federico está en el ejército.

CHABELA

Los americanos se lo llevaron como a papá.

MARIA

Tenía que ir. Ahora somos ciudadanos.

CHABELA

Esa guerra no es nuestra, María.

MARIA

Ninguna guerra es de nadie. Pero hay que pagar los beneficios que nos dan.

CHABELA

¿Cuáles? Tú no dices que si no trabajas no comemos.

MARIA

No entiendes, nunca entiendes.

CHABELA
Mandaste a tu hijo a la guerra, eso sí lo entiendo.

MARIA
Era su deber.

CHABELA
Su deber es estar con nosotras. Los hijos deben cuidar a sus madres. Si él estuviera aquí, tú me acompañarías a presentar el circo, como antes, y te vestirías con el traje de papel crepé y seríamos otra vez las artistas del pueblo.

MARIA
Pero no está, Chabela. Los hombres siempre se van.

CHABELA
Un día deberíamos irnos nosotras.

MARIA
No podemos irnos, nuestro lugar es la casa.

CHABELA
No, no, María, nosotras somos del circo. Vivimos en el trapecio, siempre retando al vacío y riéndonos de la muerte.

MARIA
Ay, Chabela, ojalá y pudiéramos quedarnos en nuestro circo haciendo de domadoras y payasas. La vida sería entonces menos cruel.

CHABELA
...La vida es una cuerda floja, acto de circo preparado por las hermanas Pérez en los papeles de Piquita y Talita, las payasas más payasas de la historia del universo. (*Corre y saca*

ropa de payaso y se la lanza a María. Esta se resiste a unirse al juego, pero la insistencia de Chabela logra seducirla.) Estaba Talita sentada en el verde limón, como la pájara pinta, pensando en comida, cuándo no...(*Le indica su lugar a María.*) Talita tenía los ojos brotados como la vaca Rabona debido al hambre que le retorcía las tripas, la boca grande y seca como el río en cuaresma y las orejas paradas buscando el sonido del silencio. Y de pronto, taran, apareció Pikita que venía picadita con el pitorro que le había dado su ex-novio, Armegisto Iscariote, como consuelo por su pronto abandono. Talita decía entre llantos y mocos:

MARIA
Ay, mi barriguita, cada vez más chiquita. Ojalá y me caiga del cielo un pernilito asado o un salchichón peludo que me los devoro como si fuese un zancudo.

CHABELA
Talita... Taliiita....

MARIA
Eh, qué oigo, quién me llama, será el rocío, la madrugada, o los changos presentaos que se burlan de mi hambre estrafalaria.

CHABELA
No, soy Pikita, mezcla de ají y alcanfor, sobito para tu hambre, purgante para el dolor.

MARIA
¡Pikita!

CHABELA
¡Talita! (*Van a abrazarse y tropiezan.*)

MARIA
¡Qué desgraciada soy, Pikita!

CHABELA
¿Y eso por qué, mi Talita? ¿Quién se ha muerto, quién se muere o se morirá solita?

MARIA
Son mis tripas, que se tuercen y me muerden, tan flacas y delgaditas, que se pueden tejer con ellas, el traje de una varilla.

CHABELA
No desesperes, amiga, que en tu ayuda viene Pikita, la que produce milagros e inventará la alegría. Aquí traigo para ti, flor de albahaca y mata gallina, que te quitarán el hambre o te inflarán la barriga.

MARIA
Quita allá, Pikita loca, no quiero tus medicinas. Dame carne, arroz, tomates, habichuelas guisaditas, viandas con bacalao, huevos fritos, marifinga, dame algo que me llene, que me muero sin comida.

CHABELA
Tengo yo la solución, para matar la canina, voy a llenarte de viento y volarte como chiringa, serás en el aire estampa del hambre de nuestra isla.

MARIA
No divagues, Chabelita...

CHABELA

Chabela no, que me llaman la Pikita, mujer de sueños perdidos, alma errante y fugitiva.

MARIA

Con el aire no se come, y las matas no me quitan esta hambre de elefante, larga, eterna, infinita.

CHABELA

¿Y el gobierno americano, alimentos no te brinda? ¿Para qué rayos entonces sirve la ciudadanía?

MARIA

No sean tan agitadora, saca de aquí la política.

CHABELA

Ya yo sé como quitarte esa hambruna asesina. Te comerás la bandera, se llenará tu barriga de cuarenta y nueve estrellas y sus filosas puntitas.

MARIA

No sigas con esa vaina, que a la gente no motiva atacar a la nación que nos protege y cobija.

CHABELA

Otra idea se me ocurre: súbete al barco y emigra. Seguro que en los nuiyores comerás como una ninfa, todos te dirán maraia y llegarás a ser rica.

MARIA

Ahora eres tú quien se pierde, recuerda que soy Talita, la payasa juguetona, que divierte y que da risa.

CHABELA

Corrijo y recojo velas, tiene razón mi hermanita, el dolor

ajeno hace que las personas se rían. Olvidemos nuestras penas y busquemos la alegría, aunque muramos de hambre, mostremos una sonrisa, que nadie sospeche nunca nuestra penosa agonía, que la cara sea de ricas aunque pobre sea la tripa.

Cantan y bailan al compás de la plena:

El circo de las hermanas/ tiene alegría, tiene sazón/ porque tenemos gran fortaleza/ y siempre actuamos de corazón.

Con las ondulaciones del baile María se va alejando y Chabela se va quedando sola, aunque sigue bailando sin percatarse de la ausencia de su hermana. De pronto se detiene y el tiempo se le cae encima

CHABELA
Volvimos al circo, María, y resucitó la primavera. Sólo en el escenario me he sentido bella. Y tú fuiste mi mejor espejo, mi cómplice, mi refugio. Y te subiste a mi altar para acompañar al santo de papá. *(Busca una muñeca y la sube al segundo nivel del altar.)* Estaba la pájara pinta, sentadita en el verde limón... Así, vestida de payasa, no trabajando con el tabaco ni cosiendo para don Fulgencio, de gala, hermosa para el escenario de la vida, eternas tú y yo, María.

Comienza a temblar la tierra y el escenario se convulsiona como un epiléptico. El altar se remece en el coraje del suelo tremebundo.

CHABELA
Hemos ofendido a la tierra, hermanita. Las plazas están saladas y el cielo se cae en pedazos. Nuestras casas se hunden en la tristeza y hay un grito largo y hondo que despierta a la

madrugada. Tiembla la tierra, María, porque hemos sepultado nuestros nombres. La tierra no perdona, la tierra no olvida. Nosotros seremos los olvidados. No te escondas, María, vamos a pescar los peces en la acera de la escuela, escarbemos en las ruinas para buscar un collar para mi pena, no me dejes, María, no te vayas con el terremoto, mira que tu hijo Federico vuelve de la guerra y quiere encontrarte sana. No te pierdas, hermanita, que todavía no ha llegado el final y tenemos tantas cosas que vivirnos. No tienes derecho a morirte, María.

El terremoto va cediendo poco a poco dejando a Chabela sola sobre su altar centenario.

TERCERA ESCENA
1944

El silbido marcial de una marcha militar se aproxima lento pero inexorable. A lo lejos se desdibuja la figura de un soldado. Viste uniforme de la primera guerra mundial. La voz de Chabela lo detiene cuando comienza a subir hacia el altar.

CHABELA

No, Federico, tú no cabes en mi altar. Quisiste ser el primer soldado en rendirle culto a la inutilidad, pero tu sacrificio nunca llegó a serlo. Ser oficinista en Panamá apenas alcanza para un recibimiento caluroso. No, Federico, tendrás que esperar a verte en el cuerpo mutilado de tu hijo Francisco para que la mano poderosa te reciba.

*Unas sombras se lanzan sobre el soldado y comienzan a desvestirlo. Sus acciones tienen un aire de rito arcano, como si al colocarle el uniforme de la Segunda Guerra Mundial lo estu-viesen ungiendo para el sacrificio. Se escucha la voz de Daniel Santos cantando **Despedida** de Pedro Flores. Chabela sintoniza un viejo radio que forma parte de su tótem. Una voz opacada por la estática se mezcla con la canción. El soldado está listo.*

VOZ RADIAL

6 de junio de 1944. Gran desembarco de tropas aliadas en las playas de Normandía. Protegidas por la aviación, más de 4,000 embarcaciones especialmente diseñadas para tan peligrosa expedición, cruzaron el Canal de la Mancha y permitieron el desembarco de 200,000 soldados, los cuales pusieron pie en suelo francés en medio de una enérgica resistencia del enemigo. Se

registra gran cantidad de bajas por ambos bandos.

CHABELA

Ya no es como en Panamá, María. Ahora nuestra familia está en el frente de batalla. O quizás no, quizás siempre hemos estado ahí.

FRANCISCO

Cuida a mi hermanita Santa, abuela. (*Sale marchando.*)

CHABELA

Me convertí en abuela de los nietos que nunca tuve. Y la vida volvió a golpearme con sus sufrimientos.

SANTA

(*Entra con el rostro pintado de negro.*) Como trite negro crabo/ que nació para ringó/ nunca se quita nan so/ trabajando como diabo/ mi suamo siempre ta bravo/ y me garra po nan pasa/ y si no tengo padrino/ llueve fuete que ma brasa./ ¡ay! tibiri corona inguaco/ ¡Ay! tibiri, biriquiné,/ ¡ay! tibiriqui negro fua/ da branco que tan diabla...

CHABELA

María, todavía recuerdas al negrito Filomeno.

SANTA

Santa, abuela, Santa, la nieta de María.

CHABELA

Sí, Santa, Santa, la segunda primavera de María.

SANTA

Y el negrito no se llama Filomeno, ese es primo del hermano de mi tío, un negrito zafio y listo que a la isla llegó presto en un barco de La Habana, y se llama Doroteo.

CHABELA

¡Doroteo! Es cierto, nos lo contó papá Fundador. Y María se vistió de bufo.

SANTA

Al circo, abuela, vamos al circo.

FEDERICO

(*Entrando*) Ningún circo, ya está bueno de embelecos, Santa.

SANTA

Pero, papi...

FEDERICO

Ya no eres una niña, hija. Así que quítate esa pintura negra de la cara que pareces una grifa. Vamos a ver si recobramos la cordura en esta casa.

SANTA

Yo no son negro nan casa/ qui son negro no conuco/ mi suamo da con bejuco/ que toro me depedasa.

FEDERICO

Ya no hay esclavos ni amos, así que suspendan esa jerigonza insufrible.

CHABELA

Nunca te gustaron los negros, sobrino.

FEDERICO

No empieces, tía, que sabes que me molesta hablar de ese tema.

CHABELA

Y dejaste a Rosita cuando descubriste que su abuela era mulata.

FEDERICO

Eso no es cierto.

CHABELA

Y el mundo sigue gira que te gira y ahora tu hija blanca se pinta de negro.

FEDERICO

Es culpa tuya, que la tienes embrujada con tus circos y fantasmas.

SANTA

Juegos, papi, juegos que no le hacen daño a nadie.

FEDERICO

No puedes seguirle los juegos a Chabela, hija. Ya eres una mujer.

CHABELA

Tú nunca aprendiste a jugar, Federico. El rifle que te dieron era de verdad.

FEDERICO

La vida es de verdad, tía. Y ustedes quieren seguir haciendo maromas y subiéndose a la cuerda floja de la imaginación, mientras nosotros luchamos por echar a andar este país.

SANTA

¿Hacia dónde, papi?

FEDERICO

Hacia el progreso, hacia el bienestar para todos.

CHABELA

Cuesta caro ese progreso.

FEDERICO

No importa cuanto cueste. Hay que sacrificarse para lograr los adelantos que queremos.

SANTA

¿Y por eso mi hermano Francisco está en la guerra?

FEDERICO

Se ve que Chabela también te está volviendo loca a ti.

CHABELA

Loco hay que estar para ir a la guerra.

FEDERICO

La guerra es cuestión de honor y de valentía. Nosotros defendemos al mundo de la amenaza de los nazis. Francisco está allá haciendo lo que hay que hacer. Y nosotros estamos acá, haciendo lo que nos toca.

SANTA

Bailando al son que les tocan.

FEDERICO

¿Pero tú escuchas lo que estás diciendo, Santa? Aquí nadie

toca nada, sino que nosotros estamos creando nuestra propia música.

SANTA
Pero el que tiene la batuta vino del norte.

FEDERICO
Eso lo vamos a resolver, porque pronto tendremos a un gobernador puertorriqueño.

CHABELA
Estaba la pájara pinta, sentadita en el verde limón...

FEDERICO
Y Tugwell es un buen gobernador. Ayudó a Muñoz Marín a implantar la reforma agraria. Imagínate que los de la Coalición los acusan, a él y a Muñoz, de ser comunistas y bolcheviques. Pero no importa, porque en estas elecciones vamos a arrasar.

CHABELA
Cuidado que no arrasen con el país.

FEDERICO
Chabela, tu vives fuera de este mundo y no te has dado cuenta de cómo cambia este país. Mira, ahí tenemos a la Autoridad de Fuentes Fluviales tirando cables para darle electricidad a todos. Y ¿quién la creó? Muñoz Marín y el Partido Popular. ¿Y las fábricas que está buscando la Compañía de Fomento? ¿Y las parcelas que hemos repartido? ¿Y las fincas familiares que hemos desarrollado? Muñoz Marín nos está salvando.

SANTA
Pero se olvidó del ideal.

FEDERICO
No se ha olvidado nada. Sólo dijo que en las elecciones el estatus no estaba en issue. Y eso es verdad, para administrar bien, no hace falta el estatus, hace falta voluntad. ¿Tienes dudas? Léete el Catecismo del pueblo que acaba de publicar el Partido Popular. Aquí están todas las contestaciones sobre los problemas sociales, económicos y políticos del pueblo.

CHABELA
...del pueblo. Ya no hablan de patria, sobrino.

FEDERICO
Porque la patria es el pueblo. Muñoz dice que no se puede hablar de patria si no logramos el progreso económico para el pueblo. Así que él dice que debemos hablar de la patria-pueblo.

SANTA
Te están enseñando un nuevo idioma, papi.

FEDERICO
Sí, el idioma del bienestar y del desarrollo, de la fábricas, de los empleos, de los zapatos que Muñoz Marín nos ha dado. Ese es el que debes aprender y dejar de estar soñando con pajaritos preñaos en el dichoso circo...

CHABELA
Estaba la pájara pinta...

FEDERICO
Tía, tía, quisiera poder meterme en tu cabeza y ver cómo devolverte a la realidad, a esta realidad que vivimos y que es tan diferente de lo que tú piensas. Ahora somos otros, tía, tenemos a alguien que nos defiende y que nos entiende. ¿Por qué no quieres creerme si lo que te digo es tan cierto como que el mundo es redondo?

CHABELA
Mentira, el mundo no es redondo, el mundo es cuadrado, como un álbum de recuerdos.

SANTA
Vamos, abuela.

CHABELA
Eres un embustero, Federico Pérez, tú y tus historias de la Gran Guerra, cuando las batallas fueron sólo entre lápices y papeles, tú y tus próceres de cartón que tienen la memoria corta. ¿Dónde estaban tus líderes cuando mataron a tu primo Juan en la Masacre de Ponce? ¿Dónde demonios andaban cuando la comadre Ramona se moría de hambre con sus seis hijos a pesar de matarse bordando pañuelos y blusas de sol a sol? ¿Dónde estaban cuando nuestra casa se fue corriente abajo con el huracán San Felipe? Este es el álbum de los recuerdos, sobrino, cuadrado como la tierra.

FEDERICO
Chabela, estás cada vez más loca.

SANTA
Papi, tienes una mancha verdosa en la cara.

Se escucha la radio con su voz de lluvia metálica.

VOZ

Las tropas del ejército de los Estados Unidos cruzan la frontera alemana cerca de Trier. Los soldados alemanes se repliegan.

*La voz del locutor se mezcla nuevamente con la canción **Despedida** justo en el momento en que Daniel Santos canta: "Por ese hijo que nunca quizás volverá." Santa cae en trance mientras Chabela inicia el rito de la muerte para recibir a Francisco. Federico se va metamorfoseando en su hijo.*

SANTA

Y los ojos, papi, tienes los ojos llenos de alambres de púa. Estabas resguardado en una trinchera, Francisco, cuando dieron la orden de avanzar. Caía una lluvia gris y el cielo estaba sucio. Avanzaste entre las balas perdidas, las piernas hundidas hasta las rodillas en un fango milenario, el rostro terroso, las manos entumecidas, el corazón a miles de millas de ese amanecer enfermo, pero había que cruzar la frontera, tenías que capturar al puesto enemigo detrás de las barricadas. Zumbaban los disparos y la pólvora cegaba el paisaje, pero no había retroceso, la retirada era una palabra obscena entre ustedes, muchachos en busca de una estrella. Entonces, justo en el momento en que cruzabas la alambrada, una luz extraviada te golpeó el pecho, buscando la ruta de tu corazón. Trataste de agarrarte a la vida, pero la mirada se te enredó en los alambres y tus ojos tiernos se paralizaron sobre la línea borrosa que demarcaba la frontera a la que nunca llegaste.

La música ritual se acrecienta al caer Federico en el cuerpo moribundo de su hijo Francisco. Se enluta el escenario mientras Santa y Chabela cargan el cuerpo hacia el altar.

CHABELA

En este país, a todos nos ha nacido un soldado muerto. Y cargamos con él como un amuleto en contra del olvido. Francisco Pérez, bienvenido a tu altar. Hubiese preferido que llegaras como artesano como papá Fundador, o como despalillador como María, pero no pudiste escoger tu ser. Una fuerza extraña te guió hacia ese uniforme y te condenó a ser condecorado como héroe de guerra. Federico, tu hijo es ahora una medalla que cuelga del recuerdo. Otra foto del álbum familiar, cuadrado como el mundo.

VOZ DE LA RADIO

Benito Mussolini, Il Duce, es ajusticiado por I partiggiani. Adolf Hitler se suicida junto a su amante Eva Braun. El 8 de mayo de 1945 es proclamado como Día de la Victoria.

Música marcial de celebración. El escenario se preña de fuegos artificiales, globos y una lluvia de confeti. Una banda anima los festejos. El pueblo se lanza a las calles con gritos de aliviada alegría. Chabela y Santa se refugian en el altar.

SANTA

Celebran, abuela, celebran.

CHABELA

Sí, Santa, aquí llevamos siglos celebrando. La fiesta nuestra de cada día, aunque mañana nos quede un saborcito amargo en el final de la sonrisa.

Un silbido penetrante detiene las acciones. Algo se aproxima y nadie puede definirlo, pero hay un eco ominoso en el aire que se corta ante el paso de lo desconocido. Parecería el parto de los de cielos, como si desde el infinito alguien quisiera recordarnos lo fatal. En medio de la parálisis de todos se esparce la voz del radio Chabela:

VOZ DE LA RADIO

El presidente Harry S. Truman anunció que los Estados Unidos acaban de lanzar una nueva y poderosa arma llamada "Bomba Atómica" sobre la importante base nipona de Hiroshima. Esperamos-dijo el presidente-salvar muchas vidas con esta acción, que debe poner fin a la guerra contra Japón.

Se reanuda la celebración. Se escuchan gritos de ¡Abajo Japón! ¡Muerte a los ojos rasgados! ¡Se acabó el peligro amarillo! Uno de los festejantes se pone una máscara de japonés e imita a un samurai que comete harakiri. Todos celebran y aplauden. Chabela corre hacia el grupo mientras Santa comienza a vestirse con ropas de invierno.

CHABELA

La guerra no ha terminado, me oyen, nunca termina. Viviremos de guerra en guerra, alimentándonos del botín que ganemos, viviendo de la muerte de los nuestros, construyendo sobre las tumbas nuestra felicidad. Celebremos, hermanos, que descubrimos cómo costear nuestro desarrollo. ¡Viva la guerra!

*Una risa histérica se apodera de Chabela. El grupo reniega de las palabras de ésta y comienzan a retirarse murmurando entre dientes: Ya vino la loca a dañarnos la fiesta. Chabela se contorsiona de dolor por la risa descontrolada. Santa baja del altar ya lista para abandonar el país. Se escuchan los acordes de **En mi viejo San Juan** de Noel Estrada. Cesa la risa de Chabela.*

SANTA

Abuela, ya me voy.

CHABELA

María, no te vayas. El terremoto todavía no ha llegado.

SANTA

Tengo que irme, abuela. Cada vez es más difícil respirar aquí.

CHABELA

¿Y quién hará el circo conmigo?

SANTA

En cuanto tenga un hijo, te lo envío.

Comienza a alejarse. Sube la música en el momento que la letra dice: "Adiós, adiós, Borinquen querida..." Chabela agita el pañuelo de su tristeza.

CHABELA

Se fue, como se fueron muchos, hacia una nueva parada de nuestro víacrucis. Adiós, hija, hasta la próxima guerra. (*Comienza a bailar.*) ¡Ay! tibiri corona inguaco/ ¡Ay! tibiri, biriquiné,/ ¡ay! tibiri qui negro fua/ da branco que tan diabla...

CUARTA ESCENA
1952

Un sonido de sirena de policía hiere al escenario. Chabela retro-
cede desconcertada. Una extraña algarabía se escucha confusa
en la lejanía. El radio se enciende en el altar de Chabela.
Imágenes en blanco y negro se desparraman por el espacio. Una
voz engolada pregona las últimas noticias.

VOZ
Un grupo de revoltosos nacionalistas al mando de Blanca
Canales y Elio Torresola se apoderaron del pueblo de Jayuya
y proclamaron la República de Puerto Rico. En el ataque al
Cuartel de la Policía del poblado montañoso realizado ayer
30 de octubre de 1950 murió el nacionalista Carlos Irizarry.
El Gobernador Luis Muñoz Marín ordenó la movilización de
la Guardia Nacional para contener la revuelta que catalogó
como atentado en contra de la democracia.

CHABELA
La guerra llegó a casa, María.

Sonido de aviones volando a baja altura. Silbidos y estallidos de
bombas.

VOZ
Al mediodía de ayer lunes, seis nacionalistas intentaron
tomar por asalto La Fortaleza. Fueron repelidos por las
fuerzas del orden público con un saldo de cinco atacantes
muertos. Los heroicos defensores del palacio de Santa
Catalina sufrieron dos heridos en la refriega que duró cerca

de una hora. El ambiente en el Viejo San Juan es tenso.

CHABELA

Otra masacre, María, como la de Ponce.

Federico se desprende del altar y se acerca a Chabela. La amordaza mientras continúa en voz propia la narración de los hechos.

FEDERICO

Detectives y soldados se mantienen en sus puestos alertas a cualquier movimiento sospechoso que pueda provocar un nuevo disturbio. En la esquina de la calles Fortaleza y Cristo hay un "yip" de la policía con cinco hombres fuertemente armados con ametralladoras y carabinas... A lo largo de la esquina de la calle Cristo hasta la misma mansión ejecutiva, hay policías con revólveres en mano que se encargan de identificar a las personas que se dirigen a Fortaleza. En las azoteas y balcones de los edificios aledaños están apostados miembros de la Guardia Nacional armados con rifles "Garand" y ametralladoras... En la azotea de la Fortaleza también fueron instaladas varias ametralladoras... No puedes hablar, tía, no se puede protestar. Te meterían presa con ellos, con los revoltosos. No importa lo que duela, cállate. Los están sacando de circulación, Chabela, a todos, a los líderes, a los que tomaron las armas, a los que simpatizan, a los que están en desacuerdo, a los que estuvieron alguna vez en una fiesta con ellos... No podemos meternos en eso, tenemos que quedarnos callados, prométemelo, tía, prométemelo. Hazlo por mí.

Después de una larga pausa recriminatoria, Chabela asiente. Federico le quita la mordaza.

FEDERICO
Se volvieron locos, atacaron hasta la casa del presidente de
los Estados Unidos, ¿te das cuenta? Todo esto es una bar-
baridad. Ahora, que ya tenemos un gobernador puertorriqueño, y en las escuelas se enseña en español, y cuando por
fin tenemos la posibilidad de tener un gobierno propio. Es
una locura, ¿no te parece? (*Chabela permanece callada.*)
Háblame, di algo, no te quedes callada.

Chabela camina hasta una de sus muñecas y la amordaza.

FEDERICO
Ay, no, tía, ahora quieres hacerme sentir culpable.

CHABELA
¿Dónde está Ramiro, Federico?

FEDERICO
¿Mi sobrino? Pues en el ejército, tú lo sabes.

CHABELA
¿En dónde?

FEDERICO
En Corea.

CHABELA
¿Y qué le hicieron los coreanos a él?

FEDERICO
Está luchando por la democracia. Los comunistas se quieren
apoderar de ese país y nosotros...

CHABELA
¿Nosotros?

FEDERICO
Sí, nosotros, los ciudadanos americanos estamos defendiendo a los coreanos del sur, que son los buenos.

CHABELA
Ustedes siempre están con los buenos.

FEDERICO
¿No te vas a poner a defender a los comunistas ahora, verdad?

CHABELA
Comunistas, nacionalistas, ¿cuál será el próximo enemigo, sobrino?

FEDERICO
Uno cumple con su deber y defiende lo que cree.

CHABELA
Y qué demonios tú crees que están haciendo los nacionalistas. Está bien cumplir con el deber en Corea, pero no aquí.

FEDERICO
No sé por qué pierdo el tiempo hablando contigo.

En el extremo derecho aparece Santa como una exhalación.

SANTA
Una noche tuve un sueño, abuela.

CHABELA
Y tu hija se tuvo que ir del país porque le prohibían pensar.

FEDERICO
Se fue buscando una mejoría económica, eso es todo.

SANTA
No sé si lo soñé o lo imaginé o si realmente me sucedió.

CHABELA
El vuelo kikirikí, Santa, el cantío de un gallo te lleva hacia los niuyores.

FEDERICO
Porque todos tenemos derecho a progresar, y si aquí no hay trabajo, pues qué mejor que irse al norte. Suerte que somos ciudadanos y podemos entrar allá sin problemas. Eso es lo que logró Muñoz Marín.

SANTA
Estaba en la casa de Barceloneta y era tarde en la noche. Había una neblina extraña que hacía flotar las cosas y yo dormía en el cuarto del segundo piso. Entonces una voz lejana me haló de la cama. Sonaba como tu voz, abuela, pero más nublada y lluviosa. Busqué por el cuarto, pero no te hallé. Afuera soplaba el viento y unos pasos lejanos sonaban sobre las piedras del patio. Caminé entre la niebla sintiendo que una fuerza desconocida me empujaba hacia la puerta. Los pasos se acercaban con el viento, murmuraban los árboles entre sus hojas secas y la curiosidad inundaba mis ojos. La larga escalera se mecía en el vacío cuando me asomé al patio. Justo entonces unos zapatos blancos se posaron en el primer escalón. Levanté la vista con miedo, con asombro, con deseos

de ver y no ver: los pantalones eran blancos, como la camisa y el sombrero, todo era blanco en ese hombre que se metía en mis sueños y amenazaba con dejarme marcada para siempre. Miré la cara del hombre y en su rostro descubrí el futuro. Una voz, ¿tu voz, el crepúsculo o el alba?, me dijo desde dentro de mí: ése es el hombre de tu vida.

FEDERICO
Ése es el hombre para este país: el vate. Gracias a él somos la vitrina del mundo.

CHABELA
No era yo, Santa, no era yo.

SANTA
Desde entonces busco a ese hombre vestido de blanco. (*Una figura vestida de blanco se acerca a Santa y la toma por la cintura.*) Luis, Nando, Richie, José, todos con retazos de ropa blanca, pero sin el sol en el rostro. (*Comienza a bailar un sabroso mambo.*)

CHABELA
No te dejes engañar por los sueños, Santa. Yo también soñé con ese hombre vestido de blanco y me equivoqué de sueño.

FEDERICO
Olvídense de los sueños, vamos a hablar de realidades. El milagro se llama Manos a la obra y se lo inventó la Compañía de Fomento Económico. (*Busca una enorme rueda dentada y comienza a empujarla. Debe semejar el símbolo de la Operación Manos a la obra.*) Estamos llenando al país de fábricas, de centros manufactureros, de industrias.

SANTA

(*El ritmo picante del baile contrasta con la inmensa tristeza de Santa.*) Iba a los bailes en el Palladium, en el Bronx, en Brooklyn, y siempre el hombre vestido de blanco se me escondía en las palabras resbalosas de Freddy, de Rafy, de Johnny.

CHABELA

(*Corre tras ellos tratando de detener el baile.*) Salte de ese lado del sueño, Santa, no te dejes caer por ese hueco lleno de la saliva de los hombres malditos.

FEDERICO

Estamos creando miles de empleos en la manufactura. Las mujeres del mundo se visten con la ropa que fabricamos en Puerto Rico, se ponen los zapatos y usan las carteras que fabricamos aquí.

SANTA

Todo el día en la factoría de hilos de coser, ganando un sueldo de miseria que otros inmigrantes rechazaban, y las noches en un building que no tenía escaleras para que el hombre vestido de blanco pudiera subir a buscarme.

CHABELA

Federico, estamos perdiendo a tu hija.

FEDERICO

Pero estamos salvando al país. Este año nada más llegaron 166 nuevas industrias. Los economistas de otros países vienen aquí para copiar nuestra forma de desarrollo económico. Somos los paladines de la industrialización. (*Gira dentro de la rueda de Fomento.*)

El mambo se detiene abruptamente y Santa gira sobre su olvido y cae. Se escuchan los acordes de **It takes two to Tango**. *La música hace que la figura de blanco se deshaga de su forma latina y se apodere de una nueva identidad. Se acerca a Santa y la levanta.*

SANTA

Entonces llegó Stephen. Y era blanco, abuela, y su cuerpo de nube se metió dentro de mí. (*La figura de blanco se funde con el cuerpo de Santa mientras bailan al compás de la melodía.*)

FEDERICO

Entonces llegó el Estado Libre Asociado. (*Detiene la rueda.*) Ya lo dijo el vate: Podemos proclamar a nuestros conciudadanos de los Estados Unidos, al Hemisferio americano y al mundo que han sido abolidos todos los vestigios de colonialismo en las relaciones de los Estados Unidos y Puerto Rico. (*Canta la versión oficial del himno de Puerto Rico.*)

La tierra de Borinquen,
donde he nacido yo.

(*Saca una bandera de Puerto Rico y la coloca sobre lo alto de la rueda.*)

El cuerpo de Santa se desfigura por la preñez. Stephen la abandona mientras saca una bandera de los Estados Unidos y comienza a cantar el himno de los Estados Unidos: Oh, say, can you see... Se acerca a Federico y planta la bandera junto a la de Puerto Rico. Los himnos se enredan el uno en el otro en las voces alternadas de Federico y Stephen. Santa se pone de parto. Siguen los himnos, ondean las banderas y se escucha la multitud invisible. Chabela sube al altar y busca un bebé envuelto en una sábana que reproduce las banderas de Puerto Rico y Estados Unidos. En el momento en que culminan los himnos se escucha el llanto del bebé. Una ventisca desbocada comienzan a barrer el escenario y arrastra a Santa como una hoja seca. Federico y Stephen empujan la rueda, contra la fuerza enardecida del viento, fuera del escenario.

CHABELA

(*Canta*) Temporal, temporal, allá viene el temporal, temporal, temporal, allá viene el temporal, qué será de Puerto Rico, cuando llegue el temporal...

Arrecian los vientos. Chabela enfrenta a la tempestad con el niño en brazos. Una música con acordes de gruta sagrada acompaña la iniciación del niño.

CHABELA

Hijo, Santa te trajo al mundo y Santa Clara te bautiza. Esteban llevarás por nombre, aunque te hayan inscrito como Stephen. ¿Estarán en ti nuestras esperanzas y nuestros delirios? Tú eres el heredero, hijo de un hombre de nieve al que se le derritieron los pies y de una mujer de bronce a quien el sol del Caribe pintó de salitre y fuego. Aquí, estamos, Esteban del alma, listos para la próxima locura del destino, aunque nos anuncien el final, prestos a volver a empezar, a levantarnos de cero, porque nosotros somos la vieja estirpe de Papá Fundador que revienta en nuevos tallos. Aquí estamos, listos para enfrentar el futuro.

*Imponente la música se derrama sobre el niño a quien Chabela levanta en brazos. Van cediendo los vientos. Chabela camina hasta el altar y coloca el niño en el mismo. Se escucha la música de **El cóndor pasa** cantada por Paul Simon y Art Gartfunkel.*

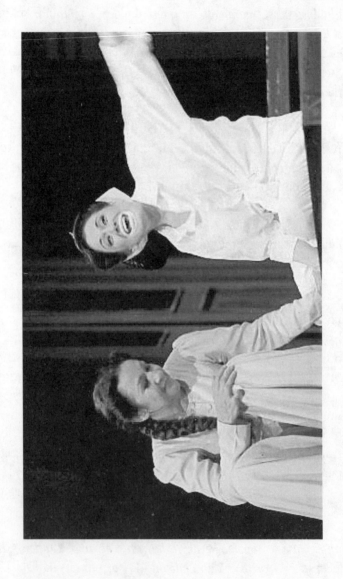

QUINTA ESCENA
1972

Entra Esteban cantando la canción. En su joven fisonomía se mezclan Santa y Stephen, el Norte y el Sur, el hombre de las nieves y la mujer de aluvión. Chabela lo observa contonearse al ritmo de la melodía y menea la cabeza desilusionada.

CHABELA
Y yo que pensé que éste era el nuevo vástago de la tradición familiar.

ESTEBAN
What's up, Nanny?

CHABELA
¿Cuántas veces te he dicho que no me hables en ese idioma del demonio?

ESTEBAN
Ningún idioma es del demonio. Todo depende de cómo se use.

CHABELA
Pero yo no entiendo ni jota de lo que dices ni de la música que escuchas.

ESTEBAN
Pues deberías aprender.

CHABELA

A mi edad ya no hay tiempo para eso.

ESTEBAN

Disfrutarías más de la vida. Mira, esa canción habla de...

CHABELA

Además, no me interesa. Tú sabes español, así que háblame en cristiano.

ESTEBAN

Okay.

CHABELA

¿Qué rayos haces ahora?

ESTEBAN

Este es el saludo al sol. Me lo enseñó mi amigo Bill Shields.

CHABELA

¿El gigante colorao? Como comía ese diablo.

ESTEBAN

Pues si es bien grande.

CHABELA

¿Y para qué saludan al sol?

ESTEBAN

Es una ceremonia para iniciar el día. Igual que el sol ilumina la tierra al amanecer, uno se llena de luz al saludarlo.

CHABELA

Y después dicen que la loca soy yo.

ESTEBAN
Eso nos carga de energía para las labores del día.

CHABELA
Ni que se fajaran trabajando.

ESTEBAN
Nanny...

CHABELA
Éjeelee.

ESTEBAN
Abuela...., estamos haciendo teatro en la universidad.

CHABELA
Estaba la pájara pinta...

ESTEBAN
Es lo mismo que hacías con mother en el circo, sólo que ahora nosotros...

CHABELA
Se la pasan haciendo morisquetas. Nosotras sí que éramos artistas. Yo era Lulú, la cantaora de flamenco y tu madre María...

ESTEBAN
Santa, la, ¿cómo se dice?, great-grand daughter de María.

CHABELA
El tiempo, Esteban, el tiempo se me enreda como un hilo sin punta ni final.

ESTEBAN
Abu, vamos a ponerte en una obra.

CHABELA
Ay, Esteban, estás turulato.

FEDERICO
Mira, te buscamos un personaje que sea así como tú...

CHABELA
Vieja, artrítica y maniática.

ESTEBAN
No, brother, digo, Nanny... Un personaje de una mujer vi-
sionaria que puede adivinar el futuro. Y te podemos poner
a hacer de Lulú o de lo que tú quieras. Sería un palo.

CHABELA
Esto de la locura se hereda.

ESTEBAN
Mira, nosotros estamos haciendo una obra que se llama
Gloria La Bolitera. Tú podrías hacer de Gloria.

CHABELA
Yo nunca vendí bolita. Lo más que hice fue jugarle par de
pesos al 553.

ESTEBAN
O en La cajita de plomo, puedes hacer de la madre. Esa te
va gustar, Abue. A ella le matan el hijo en la guerra, pero
lo que le envían es una caja de plomo sellada. Ella logra
abrirla y dentro lo que hay es un muñeco. Tremendo, no.

CHABELA

(*Murmura*) Francisco.

ESTEBAN

Anímate, volvamos al circo. Piensa que estás con mamá.

CHABELA

Al circo, con Santa, con María...

ESTEBAN

Al circo, abuela, al circo.

Corre y busca una pañoleta estrellada que coloca sobre la cabeza de Chabela. Frente a ella sitúa un fogón. Chabela saca un cigarro y lo enciende.

ESTEBAN

Pasen señoras y señores, pasen a la carpa de las maravillas. Aquí conocerá usted su futuro, desenterrará el pasado y saboreará su presente. Para los que no saben quiénes son, Chabela les abrirá el corazón. Para el que esté triste y desolado, un consuelo le será recetado. Para los que vagan sin rumbo, una luz les dibujará el mundo. Entren todos, señoritas desveladas, señoras encopetadas, jóvenes descarrilados, maridos trasnochados, para todos hay en el fogón de Chabela, donde las dudas se queman y se descubren las penas. Entren todos.

CHABELA

(*Echando fumarolas.*) Aquí veo entre el humo a un hombre viejo que camina solo lejos, muy lejos, como si estuviera en el otro lado del mundo. Lo veo como en un cuadro: en los párpados le pesan los remordimientos, el cuerpo amontonado y las manos caídas. A pesar de tantas victorias, está derrotado. A ver, le dicen el presidente, él lo niega con su voz de trueno apagado. En su mirada no hay mañana. Sabe que abandonó a su gente y que el tiempo no perdona. Quisiera arrepentirse de lo que no hizo, pero ya es muy tarde. ¡Dios, qué fuerte es el corrientazo de ese vate! Sigue ahí porque ustedes me lo traen con el recuerdo.

ESTEBAN

A ver qué dice el fogón que sea menos lúgubre y con más sazón.

CHABELA

Ay, los jóvenes. A ver, aquí el cigarro me deja ver, qué es esto, no puede ser, pero cómo se le ocurrió señora, mira esto, Esteban, se montó en el avión con un lechón en una caja para asarlo allá en los niuyores. Bendito, pero si allá también hay puercos, digo son más grandes y coloraos, pero igual. Y ésta otra, se volvió loca, doña, trae nieve en una maleta para enseñarle a los nietos lo que es un muñeco de nieve. No sabe que los muñecos de nieve siempre se convierten en fango. ¿verdad Santa?

ESTEBAN

¿Qué más te dicen el humo y las cenizas?

CHABELA

Dice que entre los presentes hay un hombre maldito. Lleva escrita en la frente la señal de la traición. Era amado y no supo aprovecharlo. Pudo haber sido feliz, pero prefirió ser rama a ser raíz. Una noche oscura se cambió de cama y se fue con mi ahijada. (*El coraje la levanta.*) Canalla, cobarde, Judas, demonio de hombre, ojalá y se te pudra...

ESTEBAN
(*Abrazándola*) Ya, abuela, ya... (*Pausa*)

CHABELA
...y que ni los perros puedan soportar el mal olor de tu conciencia.

Un redoble militar interrumpe las palabras de Chabela, quien se quita el paño estrellado y se aleja al altar. Un oficial de reclutamiento del ejército de los Estados Unidos se acerca.

OFICIAL
¿Stephen Bruce?

ESTEBAN
Esteban Bruce Pérez, que también tuve madre.

OFICIAL
Perés? Well, it doesn't matter. Here you have your conscription card. You must report to Fort Buchanan next week.

CHABELA
Otros de los de Satanás.

ESTEBAN
Mira esto, Abu, tengo que reportarme al Fuerte Bucanan.

CHABELA
Ay, no, otra vez...

OFICIAL
You don't speak English?

CHABELA

Y usted, ¿no habla español?

OFICIAL

Claro que hablo español, pero estoy en gestiones oficiales y además el joven es americano.

ESTEBAN

Párate ahí mismo. Yo nací en Hartford, pero soy de aquí como el coquí.

OFICIAL

Again, it doesn't matter. Estamos en guerra en Viet Nam y todo joven entre 18 y 25 años tiene que servir obligatoriamente en el ejército. Más ahora, que los batallones de Viet Nam del Norte están ayudando a los rebeldes del Viet Kong.

CHABELA

Para defender la democracia, Federico.

OFICIAL

Who is this Federico?

ESTEBAN

It doesn't matter to you.

OFICIAL

You shouldn't answer like that. We will teach you to obey.

CHABELA

Esteban, no dejes que te diga buey.

ESTEBAN

Abu, tranquila.

OFICIAL
Discipline, that's what you need, like many of your portorican fellows.

ESTEBAN
¿Y de dónde es usted, oficial?

CHABELA
Debe ser de Ciales, con esa cara de ñame.

OFICIAL
I was born here, but I am American from head to toes.

CHABELA
Si tiene tos, lengua de vaca con saúco. Si es tos seca, anís o mostaza negra si se pone peor.

OFICIAL
What in the hell is she talking about?

ESTEBAN
Ella pregunta que si sus antepasados llegaron en el Mayflower.

OFICIAL
Are you teasing me?

CHABELA
Sí, sí, los teses son buenos.

ESTEBAN
¡Abue!

OFICIAL

In any case, I have nothing else to do here. Mr. Bruce, see you next Monday at Fort Buchanan. Remember to bring your card. *(Sale con paso militar.)*

ESTEBAN

(Mirando la tarjeta) 1-A. Soy de los primeros en la lista.

CHABELA

Otro soldado en la familia.

ESTEBAN

...No, abuela, no habrá otro soldado.

CHABELA

¿No?

ESTEBAN

No, me voy a negar a ir al ejército. No creo en la guerra y no voy a ser carne de cañón.

CHABELA

¿Tú? ¿Con tu música en inglés y tus amigos gringos?

ESTEBAN

Muchos de ellos se han negado también. Allá y acá hay un movimiento fuerte en contra de la guerra en Viet Nam.

CHABELA

Pero no dicen que es obligatorio.

ESTEBAN

A mí no me obliga nadie a ir al ejército.

CHABELA

Federico, espero que estés oyendo.

ESTEBAN

Y esta tarjeta la voy a llevar a la universidad al Comité en contra del Servicio Militar Obligatorio. Las están recogiendo para hacer un acto grande en desafío contra la guerra.

CHABELA

Espera un momento, mi hijo. (*Camina hasta el altar.*) Papá, llegó el momento de entregar tu testamento. (*Toma el santo de palo.*) Esteban, esta es tu herencia. Lo talló Papá Fundador y quiso dejarlo para su descendencia.

ESTEBAN

¿Para mí?

CHABELA

Para ti, el primero en la familia que se atreve a ponerse de pie y decir no, este santo de palo, de madera del país, dura para resistir tempestades y para recordarnos quiénes somos.

ESTEBAN

Pero es tuyo, debes quedarte con él.

CHABELA

No, es nuestro, y estando contigo está vivo.

Esteban mira hipnotizado al santo. Una música telúrica con voces que provienen de lo más profundo de la tierra hace vibrar a Esteban mientras levanta al santo sobre su cabeza. Chabela, enhiesta entre la sombra y el sueño, preside este relevo generacional. Una luz celeste baña a Esteban. De pronto, una música de tambores irrumpe en la ceremonia. Dos jóvenes se unen a Esteban y una danza frenética hace vibrar el aire. Chabela trae su fogón hasta el centro y enciende una gran fogata. Una lluvia de tarjetas de conscripción cae sobre el escenario. Los jóvenes las recogen y las lanzan a la hoguera. Chabela preside la ceremonia que oscila entre el rito religioso y la rebeldía rokera.

CHABELA

Las tarjetas del ejército vamos todos a quemar.

TODOS

Que Dios nos dé fortaleza para no ir a Viet Nam.

CHABELA

Por el alma de los que murieron en la primera guerra mundial.

TODOS

Decimos no a la guerra y no vamos a Viet Nam.

CHABELA

Por los que a la Segunda fueron, cayeron y no volvieron.

TODOS

No a la guerra, sí a la paz.

CHABELA

Por los que se quedaron enredados en el paralelo treinta y ocho de Corea.

TODOS

Me niego a ir a la guerra, no, no quiero ir a pelear.

CHABELA

Por todos los que se dejan manipular y engañar.

TODOS

Yo no quiero ir a Viet Nam.

CHABELA

Por los que cumplen las órdenes sin cuestionar ni chistar.

TODOS

Yo no quiero ir a Viet Nam.

CHABELA

Por los que se enriquecen con la industria militar.

TODOS

Yo no quiero ir a Viet Nam.

CHABELA

Por los que inventan y crean nuevas armas para matar.

TODOS

Yo no quiero ir a Viet Nam.

CHABELA

Por los que borran ciudades con sus bombas de Napalm.

TODOS

Yo no quiero ir a Viet Nam.

CHABELA

Por los que ordenan y mandan y nunca van a pelear.

TODOS

Yo no quiero ir a Viet Nam.

CHABELA

Porque soy un ser humano, no a la guerra, sí a la paz.

TODOS

Yo no quiero ir a Viet Nam, yo no voy a ir a Viet Nam, yo me niego a ir a Viet Nam.

La música y la fogata se encandilan. Culmina el baile en un frenesí de voluntad comunal. Chabela sube hasta el altar mientras los danzantes salen. Coloca el fogón como símbolo de esta época y restituye el santo a su lugar central.

CHABELA

María, esto fue mejor que el circo. Renació papá Fundador y la esperanza me hizo joven de nuevo. ¡Qué ganas de luchar por lo que uno cree, María! Por primera vez le cerramos la puerta a la guerra y se la dejamos a ellos. De momento pensé que el cielo estaba al alcance de nuestras manos: la guerra se desbarató frente a los ojos del mundo, un presidente de los Estados Unidos tuvo que renunciar por maleante y corrupto, y Esteban se soñaba inmortal. Fue entonces cuando empecé a quedarme dormida de pie, con los ojos abiertos. El mundo seguía girando, desgastándose en cada vuelta, y yo, lejana, como un eco en la noche, como una estrella que ya no es, ajena a los días que se hacían más cotidianos, a las voces que se entrecruzaban sin que yo pudiera distinguirlas. Poco a poco me perdí de la vida... y me hundí en la nada... como si estuviera.... muerta.

Se ha quedado dormida frente al altar, con el cual se funde, como si fuese un objeto más de la vetusta colección centenaria sobre la que el tiempo se ha vaciado con rabia. Un silencio ominoso se extiende sobre el escenario como si hubiésemos llegado al final. Durante unos segundos eternos no pasa nada, nadie viene, nadie va, en una espera angustiosa marcada por la respiración de Chabela. Justo antes de que estalle la desesperación, en la lejanía se escucha una cancioncilla infantil.

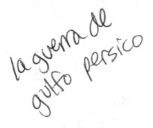
la guerra del gulfo persico

SEXTA ESCENA
1992

Dos niñas se acercan a Chabela cantando la canción infantil Doña Ana no está aquí. Toman a Chabela como una muñeca y la sientan. Mientras continúan cantando le ponen un sombrero de bruja y le colocan una escoba en la mano. Juegan a esconderse.

NIÑAS
Doña Ana no está aquí, que está en su vergel, cogiendo la rosa y dejando el clavel. Vamos todos a la ronda, de todos, todos, sí, a ver a Doña Ana cogiendo perejil. Doña Ana, ¿cómo está?

CHABELA
Estoy despalillando tabaco, como María.

NIÑAS
Doña Ana no está aquí ... Doña Ana, ¿cómo está?

CHABELA
Cosiendo faldas, como la prima Ramona.

NIÑAS
Doña Ana no está aquí ... Doña Ana, ¿cómo está?

CHABELA
Trabajando en la factoría, con Santa.

NIÑAS
Doña Ana no está aquí ... Doña Ana, ¿cómo está?

CHABELA
Prendiendo fuego con Esteban.

NIÑAS
Doña Ana no está aquí ... Doña Ana, ¿cómo está?

CHABELA
Estoy con la vela en la mano.

NIÑAS
Doña Ana no está aquí ... Doña Ana, ¿cómo está?

CHABELA
Estoy muerta.

Las niñas salen despavoridas gritando: doña Ana está muerta. Chabela se descubre en su nueva indumentaria. Ríe por lo bajo al quitarse el sombrero.

CHABELA
¡Cómo es la vida! Una empieza por ser niña y termina siendo muñeca. ¿Será verdad que estoy muerta? Las hijas de Esteban piensan que soy su juguete. A lo mejor al morirnos no nos vamos de este mundo sino que nos transformamos en cosas. Papa Fundador es el santo de palo, María es esta muñeca de trapo, Francisco, el soldadito de plomo, Federico, la mordaza (*un escalofrío la estremece*), y Esteban es una fogata (*se refugia en su calor.*) Y yo, doña Ana, Lulú, el negrito Doroteo... y mis hijos, adónde se me perdieron, en qué hoja seca del recuerdo los arrastró el viento del tiempo, adónde se fueron sus nombres con mi memoria rota... Y Judas

y su traición también se borraron y me dejaron sin ganas de odiar... ¿Por qué demonios no me he muerto, si las manos no las siento y María se fue con el terremoto? María era mis manos, mis ojos... El limbo, me quedé en el limbo, condenada a vivir como una cosa, esperando la próxima guerra...

Entra Francisco Alberto. Viene vestido con ropa de fatiga, con los ojos extraviados y el pelo desordenado.

FRANCISCO
¡Qué clase de piquiña tengo! Me echaron un regimiento de hormigas encima.

CHABELA
¿Y este pájaro, quién es? ¿Mambrú?

FRANCISCO
Dame algo de beber, que tengo el mono trepao.

CHABELA
Un tesecito de flores de violeta duerme al mono ese.

FRANCISCO
Los atardeceres eran violetas en el desierto, abuela, y el cielo se moría de tristeza.

CHABELA
Con buches de la raíz hervida en vinagre se te quita la tristeza.

FRANCISCO
Allí no hay raíces, tía, arena que quema, arena que arde, arena que mata.

CHABELA

Cálmate, muchacho, tranquilo, deja de rascarte. Mira, debe ser esa ropa que tienes puesta. Voy a buscarte algo para que te cambies. ¿Qué me queda por aquí? Ropa de payaso, el traje de chapas, ese no te quedaría bien. Óyeme... ¿cómo te llamas?

FRANCISCO

Soldado Francisco Ortiz.

CHABELA

Francisco... soldado, no. El hijo de Federico.

FRANCISCO

Batallón 12.

CHABELA

El limbo, no, el infierno, aquí con los muertos.

FRANCISCO

Los muertos, mamá, con los ojos amarillos y un pantano seco por todo el cuerpo. Y el cielo lleno de moscas gigantes con alas que cortaban el aire, vomitando balas, ¡Fuego!, y los cañones que no dormían, bum, bum, bum, y la noche era mediodía, las nubes olían a acero, ¡Fuego!, no se detengan, hasta Bagdad, vamos a acabar con estos fanáticos, muerte a Hussein. La arena nos comía los pies, seguíamos avanzando, el humo se nos metía por las máscaras, pero seguíamos avanzando, el suelo se viraba boca arriba, pero seguíamos avanzando, dolía respirar, el viento era espina de sal, la oscuridad nos tapaba los oídos, pero nosotros éramos la tormenta del desierto, estabamos arrasando el Golfo Pérsico, sí, capitán, soldado Francisco Ortiz, puertorriqueño, yo mismo voy a matar a Saddam, ¿por qué nos paramos? Noo, yo quiero llegar hasta Bagdad, no quiero quedarme aquí en medio del desierto, náufrago de la arena, quiero pisar tierra firme y no ahogarme en este uniforme que quema, no me hagan esto... (*cae derrotado*)

CHABELA
(*Lo acuna*) Francisco, no le hagas caso a tu padre. Quédate con nosotras. Los hijos deben quedarse con las madres.

FLORA
(*Entrando*) Francisco Alberto, por fin te encuentro. Ven, negro, ven, deja a Chabela tranquila.

CHABELA
¿Y tú quién eres?

FLORA
¿Ya no me conoces, yaya? Flora, la hija de Esteban.

CHABELA
Flora...

FRANCISCO
La cucarachita Flora.

FLORA
Cállate, Francisco.

FRANCISCO
Te callas tú. Aquí el macho soy yo.

CHABELA
¿Y el macho, quién es?

FLORA
Mi marido.

FRANCISCO
Eso, tu marido, el que manda, el que paga las cuentas.

CHABELA
Ay virgen purísima, y yo que creía que era el hijo de Federico. ¿No le podían poner otro nombre?

FLORA
No le hagas caso, yaya. Tiene unos días en que se pone malo. ¿Para dónde vas? (*Chabela retrocede hacia el altar.*)

FRANCISCO
Voy a hacer la guardia.

FLORA
Estate quieto, Francisco, mira tómate las pastillas a ver si te calmas.

FRANCISCO
Están sonando las alarmas, capitán. ¿Dónde está mi máscara? Huele a veneno, no, no están dañadas las alarmas, explotó algo, los virus, las bacterias de Hussein, las minas llenas de enfermedades traicioneras, los ojos, se me queman los ojos, échame agua, vamos a matarlos, goddamit, zúmbale con los patriots, la máscara, búscamela que me ahogo, apaga esa alarma, que me explotan los oídos, apágala...

FLORA
Ya papito, ya, trágate estas pastillas, así, vamos, adentro, eso es... Ya mismo se apaga la alarma... Respira hondo.

FRANCISCO
La máscara...

FLORA

No te hace falta, estás acá conmigo, con tu esposa....

FRANCISCO

¿Y el fuego en los ojos y la lluvia de arena?

FLORA

Se fueron. Ya no están...

FRANCISCO

Yo iba adentro de un cohete, sabes.

FLORA

Lo sé.

FRANCISCO

Volaba bajito para que los radares no me detectaran. Sentía abajo el oleaje de un mar que se quería morir, y luego las carcajadas de arena, pero yo seguía directo hacia mi objetivo, hay que destruir los hangares, los bunkers, los edificios inocentes donde esconden sus armas, y pasé sobre los edificios milenarios y las mezquitas hasta que vi el rostro a la muerte y estallé justo con sus bombas y municiones. Fue un estallido glorioso. Tú lo viste por televisión, ¿verdad?

FLORA

Sí, mi amor, lo vi.

CHABELA

Estaba la pájara pinta, sentadita en el verde limón...

Chabela contempla la escena como si fuera un álbum de recuerdos.

FRANCISCO

Fue como Stars War. Salían los cohetes de los barcos, de los aviones, de los helicópteros, como en la película, y todos los veían por televisión, y aplaudían y se reían emocionados porque la guerra era de todos. Y ganamos, Flora, ganamos.

CHABELA

Se está acabando el tiempo: la boca de la tierra vomitará fuego y las cenizas devorarán al sol.

FLORA

Ganaron... ¿Ya te sientes mejor?

FRANCISCO

Claro, si ganamos.

FLORA

Vamos para casa.

FRANCISCO

No, vamos a celebrar el triunfo.

ESTEBAN

(*Entrando*) Aquí no vamos a celebrar nada.

FLORA

¡Papi!

CHABELA

... la gente vagará sin rumbo y llorarán los vientos en las azoteas de las casas muertas...

FRANCISCO

No sea aguafiestas, suegro. Mire que este triunfo también es suyo.

ESTEBAN

¿Mío? No me hagas reír. De las compañías petroleras y del ejército de los Estados Unidos.

FRANCISCO

Nuestro ejército.

FLORA

Vamos a evitar las discusiones, por favor.

ESTEBAN

Nosotros no tenemos ejército, Francisco. Nos reclutan a la fuerza y nos obligan a servir en sus guerras, digo, los obligan a ustedes porque yo me negué.

FRANCISCO

Estos son otros tiempos, suegro. Ahora el ejército es voluntario y hay tanta gente que quiere ir, que la fila no se acaba.

ESTEBAN

La fila de los tontos.

CHABELA

...porque todos habremos sido expulsados del paraíso. No tendremos rostro y nuestros nombres se irán corriente abajo en el remolino de la historia.

we don't have a lot of nerve

FLORA

Papi, por favor, no sigas. Sabes que Francisco Alberto no está bien y puede...

FRANCISCO

El que no está bien es tu pai, que se cree que todavía estamos en los setenta. Ya se acabaron las protestas, los rebeldes y sus líos. Eso es cosa del pasado. Se cayó el Muro de Berlín, el comunismo se hizo sal y agua y ahora mandamos nosotros. Somos los guardianes de la democracia. Hemos triunfado.

ESTEBAN

Sobre todo tú con tu síndrome del Golfo Pérsico.

FRANCISCO

¿De qué habla éste?

FLORA

Esteban Bruce Pérez, no toques ese tema.

ESTEBAN

No, si no hablo del picor que se lo está comiendo, ni de las alucinaciones, ni de los gritos, ni de su ridícula ropa de soldado. Hablo de la ilusión que tiene de ser parte de ellos. Se le ha metido en la cabeza que es uno de los privilegiados de la tierra, esos seres escogidos para salvar al mundo de todos los peligros, y no se da cuenta que es un títere que ellos manipulan a su gusto y gana. Cada vez que el Pentágono escoge al enemigo, éstos agarran sus rifles y apuntan hacia ese objetivo. Jamás apuntaron hacia Pinochet o hacia Franco o hacia los déspotas de la monarquía saudita. No, les escogen el blanco y ellos ejecutan. Ese es el síndrome que padece tu marido y tantos otros en este país.

FRANCISCO

¿Sabes lo que le duele, suegro? Que usted se ha quedado sin causa. Nosotros hemos ganado.

ESTEBAN

Nosotros los puertorriqueños hemos perdido.

FRANCISCO

¿Puertorriqueños? No siga soñando, suegro. Nosotros somos americanos. Quiéralo usted o no, somos parte de la nación americana, cada día más nuestros destinos están unidos. Acéptelo, que es inevitable.

CHABELA

Ese es nuestro destino.

ESTEBAN

Lo único inevitable es la muerte.

FRANCISCO

Pues ustedes están muertos hace tiempo.

CHABELA

¡Noooo!

Su grito profundo hace vibrar el tiempo y en su temblor arrastra a Chabela a su tiempo sin tiempo. Todo se oscurece y los personajes desaparecen, excepto Chabela, quien en rezo premonitorio rescata en hilachas su monólogo inicial. Las velas comienzan a asomarse al mundo de final de milenio.

CHABELA

Era esto. Se está acabando el tiempo y nosotros nos acabamos con él. El final, estamos llegando al final, sin nombre, ni rostros, con el temor llenando nuestras maletas, nosotros, los parias de la tierra, con un siglo de ausencias y traiciones, de esperanzas escondidas y de muertes prometidas. Era esto. El álbum de nuestras vidas para llegar a la mitad de un puente y el agua abajo, llamándonos para dejar de ser. (*La angustia se le engarrota en la garganta.*) Nooo. (*Camina dando tumbos hacia el altar.*) El santo de papá Fundador, todavía vivo, y María, conmigo siempre, nuestro primer soldado muerto, Francisco, el fuego de Esteban, el abrazo de Santa y los juegos de Flora, se van a ir con el derrumbe, y yo muerta en vida, agonizando día a día mientras el tiempo se me enreda y los recuerdos me torturan. No, no, nooo. Al monte a buscar milagros. Arriba, al monte, allí, donde todavía se pueden tocar las estrellas con la mano. No importa que amenacen tempestades ni que el destino esté nublado ni que se esté acabando el tiempo. Arriba, vamos a inventarnos el milagro, vamos a rescatarnos.

Las imágenes del pasado comienzan a aparecer frente a Chabela. Esta parece desfallecer. El general Miles repite su proclama, María teje una bandera americana, el llanto de un bebé acoge a Santa...Las imágenes golpean con su presencia a la frágil anciana que se tambalea, presta para la caída final. Sin embargo, cuando ya parece que Chabela se diluye para siempre renace en ella una fuerza interior que parece desafiar la artritis, la voz quebrada y los brazos endebles. La música es un arrebato pasional de decisión y lucha.

CHABELA

No, no me voy a morir hasta que ocurra el milagro. Lo juro. Aunque soplen tempestades y quieran borrarnos la historia. De pie, con la frente en alto y con mi álbum de recuerdos, aquí, con todos, los muertos inútiles y los que nunca mueren, los que se equivocaron y los que lucharon,aquí, de pie, hasta que ocurra el milagro.

Sube la música majestuosa mientras el viento resopla con rabia y Chabela lo enfrenta pecho en alto. Las figuras se desdibujan con la luz agonizante y un sol parece nacer detrás del altar.

FIN

San Juan de Puerto Rico
1998, a cien años de la invasión

Desde el Álbum Familiar Puertorriqueño

¿Somos puertorriqueños? Si no, ¿qué somos? ¿Cómo es que una de las etnias más antiguas del mundo americano moderno no ha logrado asentar su identidad 500 años después de su colonización inicia? En la obra **¡Puertorriqueños?**, José Luis Ramos Escobar explora nuestra ontología a través de los acontecimientos de los últimos 100 años en la Isla, auscultando los hechos que han torcido el destino al que estaba abocado el puertorriqueño.

Inspirado en una historia ideada por Idalia Pérez Garay desde reminiscencias familiares, Ramos Escobar se arma de un esmerado lenguaje para mostrarnos una saga familiar puertorriqueña que se enmarca entre asedios políticos y simbólicos huracanes. Toda la historia fluye a través del ojo protector de Chabela, eternidad femenina que apunta a la Madre Patria, la Madre Tierra (*la Pachamama*), raíz y motor que inspiran la fortaleza para resistir las amenazas que penden sobre nuestra esencia existencial.

Un mundo de poesía va desgranando las transformaciones religiosas, políticas, económicas, culturales e ideológicas desde el desembarco hostil de los norteamericanos hasta la irresoluta pugna política y sicológica que "un huracán" intentó barrer meses atrás.

El nuevo discurso lingüístico que adopta para este texto Ramos Escobar facilita la ubicuidad grandiosa de la protagonista hija, madre, abuela anacrónica en pie de lucha eterna por la libertad nacional. **¡Puertorriqueños?** se une a una serie de dramas que han radiografiado nuestros últimos 100 años de historia con motivo de la incertidumbre que nos embarga en el centenario del funesto "huracán". Como Chabela, la obra nos invita a cuidar de nuestro álbum familiar, de nuestros vivos, de nuestros muertos, desde el altar de nuestra puertorriqueñidad.

Rosalina Perales

Colección de teatro Cultural

Ave sin rumbo
Suárez Rodríguez, Roberto

Bolero y Plena
Arriví, Francisco

Carnaval afuera, Carnaval adentro
Marqués, René

Casi el alma
Sánchez, Luis Rafael

David y Jonatán, Tito y Berenice
Marqués, René

Dios los cría
Morales, Jacobo

Doce paredes negras
González, Juan

El apartamiento
Marqués, René

El cuento de la cucarachita Martina
Sánchez, Luis Rafael

El hombre y sus sueños
Marqués, René

El olor del popcorn
Ramos Escobar, José L.

El sol y los Mc Donald (teatro 2)
Marqués, René

Escambronado
Maldonado, Premier

Esta noche juega el joker
Sierra Berdecía

Indocumentado
Ramos Escobar, José L.

Juan Bobo y la Dama de Occidente
Marqués, René

Juanita Lagartija
Santaliz, Coqui

La carreta
Marqués, René

La casa sin reloj (teatro 2)
Marqués, René

La farsa del amor (sol 13)
Sánchez, Luis Rafael

La hiel nuestra de (sol 13)
Sánchez, Luis Rafael

La muerte no entrará (teatro 1)
Marqués, René

La pasión según Antígona Pérez
Sánchez, Luis Rafael

Sacrificio en el Monte Moriah
Marqués, René

Sol 13, interior
Sánchez, Luis Rafael

Teatro Tomo I
Marqués, René

Teatro Tomo II
Marqués, René

Teatro Tomo III
Marqués, René

Un niño azul para esa sombra (teatro 1)
Marqués, René

Vejigantes
Arriví, Francisco

Esta edición de
¡**Puertorriqueños?**
se terminó de imprimir
en los talleres gráficos de
Editorial Panamericana
Formas e Impresos
Santa Fé de Bogotá, Colombia
en diciembre de 2001.

Esta edición consta de 1.500 ejemplares
a la rústica.